lebens-zeiten

ad libri

Wie von einem Regenbogen umspannt sieht Karl-Heinz Meyer unseren Lebensweg. Aus dem Umfeld von in tiefer Bodenständigkeit gewachsener Erlebnisse und Geschehnisse, die der Finsternis zu entspringen scheinen, Verlust der Heimat, Zuteilwerden einer neuen Gegenwart – alles sammelt sich unter der schützenden Kuppel des Regenbogens. Sie zeigen den Autor in Natur, Humanität und Freiheitsanspruch verwurzelt. Die eigene treu bewahrte Form mit teilweise fragmentarisch hingeworfenen Worten, mit impressionistisch getupften Momenten aus Erinnerungen und Erfahrungen reizt immer wieder zum Nachdenken und zum Meditieren. Das führt, ohne vordergründig zu erscheinen, zur Bereicherung von Lebensinhalten.

Die sich daraus ergebende sichere, lebensbejahende Grundhaltung wird mit fotografischen Landschaftseindrücken verstärkt.

So gesehen ist dieser Gedichtband mit seinen Aphorismen und Prosaeinlagen die gelungene Fortsetzung seiner beiden vorausgegangenen Bücher „ge-zeiten“ und „jahres-zeiten“.

Dr. Karl-Heinz Meyer, geboren 1935 in Zeitz/Sachsen-Anhalt. Nach dem Abitur 1953 in Schulpforta studierte er Medizin, zunächst an der Humboldt-Universität Berlin, dann in Münster und Gießen. 1961 wurde er in Düsseldorf promoviert und arbeitete anschließend als Facharzt bzw. Chefarzt im Bereich der Chirurgie/Unfallchirurgie in Westfalen. Seit dem Jahre 2000 ist Karl-Heinz Meyer im beruflichen Ruhestand.

Karl-Heinz Meyer

lebens-zeiten

adlibri Verlag

FSC
www.fsc.org
MIX
Papier aus verantwortungsvollen Quellen
Paper from responsible sources
FSC® C105338

Erstausgabe, April 2011

www.adlibri.de

Redaktion: Rainer E. Kirsten
Umschlagkonzept und -gestaltung: KlettMedia, Hamburg
Umschlagbild: Rüdiger Praßer,
© Rüdiger Praßer, Rheda-Wiedebrück
Fotos: Eleonore, Frauke und Wolfram Meyer, Christina Höving
Foto Seite 46: KlettMedia
© KlettMedia, Hamburg

Gestaltung und Satz: KlettMedia, Hamburg
Herstellung: BoD, Norderstedt

Printed in Germany 2011
ISBN 978-3-89927-030-3

Für Ingelore

Immer stehst Du unter dem Regenbogen
Symbol der Vielfältigkeit unseres Lebens
Die Komplementierbarkeit seiner Farben
Der Anfang und das Ende

Dahinter Vergangenes
Darunter Gegenwart
Davor Zukünftiges

Der Weg

Der Weg

Weit ausholender Schritt
Auf ebenem Weg
Asphalt
Hart
Modern
Tief steht die Sonne

Wogendes Getreide
Sich fortsetzender Reigen im Wiesengras
Dem Meere gleich
Blumen und Ähren
Die Schaumkronen

Krankheit überwunden

Zur Frage geworden
Können und Wollen
Ängstliche Schritte dem Ziele entgegen
Schamhaft mit Leistungstrieb behaftet
Weit das Ziel

Mutig werdender Tritt
Aber weniger Luft
Tieferes Atmen
Langsamerer Schritt
Längere Pausen

Voraus
Wiesen, Berge, Zinnen
Neue Ziele
Geschafft

Das Herz

Anatomisches Objekt
Pumpwerkzeug des Lebens
Muskeln
Nerven
Gefäße
Klappen

Religiös –
Mystisch –
Philosophisch gedeutelt

Mehrfachsymbol verkörpert
Erfahrung
Hingabe, Leidenschaft
Gestalten, Erleben

Symbol extremer Spannbreite
Liebe, Zärtlichkeit
Härte, Gewalt
Menschenverachtender Wirklichkeit

Reparaturfähig
Die Anatomie

Trost

Verlassen
Allein
Wer kennt nicht
Überkommendes Gefühl
Alltag – stressproduzierte Not
Plötzliches Verlassensein

Du sitzt daheim, Du fühlst Dich leer
Du bist behütet, doch allein
Du träumst
Was wäre wenn

Komm Du zu mir
Ich zu Dir
Rede
Träume

Gemeinsames Reden
Gemeinsames Träumen
Vom Glück
Von Freunden

Lebe weiter mit allen
Niemals bist Du allein
Umarme uns alle
Umarme Dein Glück

Weg zur Rudelsburg

Jetzt kennt ihr ihn
Den oft ich gegangen
Im Sein
Im täglichen Sehnen
Im nächtlichen Traum
Jetzt kennt ihr ihn
Den Weg zur Burg

Oft durchschritten des Weges Biegung
Gefühlt den knirschenden Sand
Gesehen
Erahnt
Erhofft
Den Blick durch des Waldes Grün
Im Tal geschlungen der Saale Lauf
Gegenüber
Der weiße, der steile, der felsige Berg

Oft gegangener Weg
Sehnsucht
Gewandelt zur Wirklichkeit
In Zeiten überspannenden Blicks

Lass Dich vom Glitzern nicht blenden
Gib aber anderen Licht
Licht ist Leben und Trost

Vertrauen ist die Wiege der Freundschaft
Nicht der Diplomatie

Des Lebens Auf und Ab in seinen Freuden
Seinem Hoffen, seinen Ärgernissen
Gleicht einer aus Dissonanzen geborenen
Zum Hochklang gewordenen Symphonie

Das Bleibende

An der Nehrung

Oft gesehen
Geschlossenen Auges
Den Sand
Dann sah ich fühlbar
Goldgelben Sand

Erblickte hohe, weite Dünen
Nahe die Kiefern, die Birken
Büsche, Ebereschen
Vordringenden Wald

Eingebettet zwischen Fluss und Meer
Einer Insel gleich
Unerreichbar für mich
Der Strand
Im anderen Land

Der Hof

Heimat geworden
Der See
Bäume umgeben
Häuser
Ställe - nicht neu
Dazwischen der Weg

Arbeit
Unendlich viel
Fordernder Ort

Heimat im Herzen bewahrt
Sehnsucht
Liebe
Ein Glück, wer das hat
Es macht nicht satt

Liebe zum See
Liebe zum Baum, zum Strauch
Liebe zum Acker

Glücklich mit Schweiß
Vollendet

Zeitendrama

Vorbei der lange, schreckliche Krieg
Vorbei Gefangenschaft
Wieder daheim
Gesund
Gelehnt an die Mauer der wehrhaft erscheinenden Kirche
In die Weite geht der Blick
Über von Hügeln umrahmte Felder
Heimat im Blick
Zu seinen Füßen
Sein Hof
Sein Garten
Sein Haus
Überwältigendes Empfinden
Mein Zuhause

Erfülltes Sehnen aus Schützengraben
Sehnsucht hinterm Stacheldraht
Wieder daheim

Geht hinab zu seinem Haus
Bereit zu erfülltem Leben
Freudestrahlend der heimgekehrte Mann
Will leben glücklich
Will arbeiten
Will sein frei
Wenig später war das wieder vorbei

Sie kamen vorgefahren am Tage
Kakibraun die Uniform
Der Offizier, die Dolmetscherin, der Chauffeur
Sowjetische Soldaten
Sie fuhren davon mit dem heimgekehrten Mann
Zurückgelassen
Die abwesende Frau, die Kinder
Verwüstete Schränke
Angst
Sie fuhren davon

Zum Gruß erhoben
Der Mutter
Des Vaters
Des Mitarbeiters Hand
Blasse Gesichter
Komm wieder, Gott befohlen

Zurück nach vielen Jahren
Die Familie behalten
Die Heimat verloren
Neues Zuhause

Alte Zeit

Altersbeherrschende Gegenwart
Wach
Ausgestreckt im Gras
Erinnerungen durchlaufen das Leben

Des einen Blick
Weichhölzern
Tränenbenetzte Wangen

Gedrängt zu kataleptischem Erinnern
Weite
Meer
Dünen
Goldgelber Sand
Körnig durch die Hände rieselt
Gebröckelte Erlebnisse
Verlorener Jugend
Verlorener Identität

Über Hügel
Des anderen Blick
Starre gewordenes Sehen
Findet wieder
Verlorene Jugend
Verlorene Identität

Vergangenheit als Gegenwart
Einheit prägende Erfahrungen

Kopien erlebter Wirklichkeit
Verlorene
Dünen
Des Meeres Weite
Blicke vom Hügel
Den Ort
Die fernen Türme
Den Fluss
Das Haus

Wiedergefunden Bilder vergangener Zeit
Verlorener Jugend
Verlorener Identität

Einst

Unterm Birnbaum gesessen
Im Blick hügelumrahmte Weite

Lass passieren die Zeiten
Die schönen
Das Glück
Die Not
Gedenke im Guten

Alte Heimat
Als Sehnsucht
Gebliebener
Samen zu größerem Glück

Wieder vollendet

Ich war dabei
Als man sie holte
Der Glocken zwei
Ich weiß es noch

Ideologie der Zeit
Rechte
Linke
Nur eine Glocke spricht
Nicht Freude
Nicht Freiheit
Nicht Liebe
Nur noch Neid
Ich weiß es noch

Diktatorenehre
Nur eine Glocke spricht

Heute wieder drei Glocken
Bin wieder dabei
Höre neues Rufen
Ewige Laute
Frieden
Freiheit
Erfurcht
Würde im Ton

Sie erklingen, schwingen
Verkünden frei
Menschenwürde
Gottvertrauen
Das ewig Hoffen

Ich bin dabei

Sie ist Dein

Sie ist Dein
Sprach der Herr der Welt
So ward die Erde mein

Wirken
Bauen
Nutzen
Pflegen - ward vergessen

Mehr zu haben
Mehr besitzen
So mein Ziel
Beherrsche alles
Glaube
Bin am Ziel

Ein Beben, eine Flut
Brechendes Atom
Der Schein zerbrochen
Hilfloses Sein

Herr der Welt
Uns droht das Ende
Nimm zurück die Gabe
Hilf dem Sohn

Horizonte sind nicht nur Ziele
Horizonte leben aus der Wirklichkeit
Horizonte sind Gegenwart und Zukunft
Horizonte bilden sich immer wieder neu
Neu bis zum Jenseits

Das Privileg der Sieger
Zu belehren
Zu erziehen
Zu unterdrücken
Zu vergewaltigen
Zu entrechten
Freiheit – des Siegers Eigentum

Partner unseres Lebens sind
Sonne und Regen

Das Jahr

Januar

Gestartet das Neue
Das wachsende Jahr
Beginnendes Werden
Für viele das Sein

Rhythmus der Zeiten
Werden - Sein
Gedeihen - Bestehen
Erleben - Vergehen
Der Gefühle Widerspruch

Auf und Ab
Vergangenes
Das war
Vergangenes
Das formte
Grundlage der Zukunft
Grundlage gestaltenden Lebens

Blick im Frost

Sonnenstrahl
Reflektierender Schnee
Eiskristalle blitzen

Auf der Fenster Scheiben
Blumen filigran gezeichnet

Durch Hauch frei werdender Blick
Im Zimmer
Ein Neugeborenes

Geboren
Behütet
Erahntes Blühen

Frühlingstag

Früh im Jahr, unbehindert, genieße ich den Blick in die Ferne eines weiten Horizonts.

Vor mir ein breiter Sielgraben mit frisch wachsendem Schilf, dahinter im dunklen Grün ein großes Feld. Die Saat ist gut durch den Winter gekommen, keine Lücken im Grün erkennbar, und dann, weiter vorn, eine große wogende gelbe Fläche, plakativ wie ein zu einem riesigen Tuch für Sommerkleider zusammengefasst. Weite!

Fern, noch bevor das Himmelblau in der Erde zu versinken scheint, blinken die Dächer eines Ortes rot auf. Ein schöner Gegenpol.

Die Weite animiert dazu, die sich rasch im Winde bewegenden Wolken zu beobachten. Ihr helles Grau wirkt bei des Tages Klarheit in der sauberen industriefreien Luft dreidimensional.

Eben glaubt man in den Wolken eine Reitergruppe zu erkennen, an anderer Stelle Kamele und dann wieder Elefanten.

Heil erscheint die Welt, Himmel und Erde geben Ruhe. Weit reicht der Blick, sehr weit.

Narzissen

Vor dem Haus
Der Graben
Noch kalt der Boden
Frisch wachsendes Gras

Dem Winde abgewandt
Lange Stiele
Tragen die Rosette
Sechs Blütenblätter
Dem Trichter entwachsen
In sattem Gelb

Die Rose

Morgendliches Rasengrün
Strahlend blitzendes Blütenrot
Sommerlicht reflektiert
Vom Auge getrieben zu springendem Nähern
Maßlos der Zwang
Ergreif, umfass die rote Pracht

Giererlösender Schrei
Blutstropfen
Aufgesaugt von Blütenblättern
Temperamentberuhigende Strömung
Harmonie der Sphären
Durchströmt die Sinne
Vertiefung des Seins

Füllhorn

Trockenes Laub
Zu Haufen geschichtet
Lustvolles Hineingleiten

Tief versinkt der Körper
Eingebettet
In der Blätter bilderreicher Form
Farbig
Als Bett gewandelt

Frei werdender Duft
Entweichendes Chlorophyll
Füllt die Lungen
Hauch veränderten Lebens
Im Schließen der Augen
Sichtbarer Wandel
Notwendige Fülle
Natur

Unsere Tradition
Ist unsere Vergangenheit
Gegenwart
Zukunft
Sie ist unsere Kultur
Sie ist unsere Freiheit

Hindernisse
Sind Stufen zu einer besseren Zeit

Jedes Staubkorn ist ein Hinweis
Kein Hindernis

Eindrücke

Eindrücke

Gehen
Hastendes Gewühle
Eilen, Hetzen
Ziellos erscheinendes Stürmen
Zum Kaufen gedrängt
Alltagserleben im Dunkeln
Bei weihnachtlichem Lichterglanz

Doch

Tausendfach
Zu Millionen potenziert
Schweben
Flattern
Schwingen in graziösen Schritten
Biegsam, zierlich
Angetrieben vom Winde zum tanzenden Fall
Schneeflocken
Berühren Gesicht
Glieder
Den Mund
Vortäuschen eines zarten Kusses
Zum Fühlen gewandeltes Sehen
Umarmung des Bodens
Der Zweige
Der Sträucher
Gestalt annehmende Ruhe
Vorbereitung ewigen Wachsens

Zwischen den Deichen

Im Hause
Am Ende der Strasse
Am Fenster
In der Tür
Unter Kastanien
Dort - zwischen den Deichen
Saß eine Deern
Häkelte
Strickte
Kochte
Dann saßen zwei
Bald drei, bald vier
Im Hause am Ende der Straße
Zwischen den Deichen

Kinder besorgen
Kühe melken
Eier suchen
Garten pflegen
Fischen das Kraut im Priel
Pflügen – Säen – Ernten
Rhythmus des Lebens

Träumt nun mit offenen Augen
Sieht die Sonne
Schaut den Mond
Bewundert die Sterne, die Wolken
Fühlt den Wind
Spürt den Regen
Spürt des Daseins ewiges Erleben

Traum am Deich

Frisch, forschen Schrittes marschiere ich in Richtung Deich, öffne das schräg zum Hang geneigte Weidengatter, das sich nach Durchschreiten, der Schwere folgend, wie von Geisterhand schließt, um die weidenden Schafe am Ausbrechen zu hindern.

Auf der festgetretenen Grasnarbe gehe ich hastig zur Deichkrone hinauf. Wieder verspüre ich die Kurzatmigkeit und vermehrt Bedrängnis aus letzter Zeit bei leichter körperlicher Belastung. Auf dem Deich ergibt sich ein weiter Blick auf die Wattensee. Rechts die aus ihrer Umzäunung dem Eidersperrwerk zur Nordsee einfließende Eider, dahinter der Strand von Böhl mit seinen Pfahlbauten. Einige Fischkutter sind zu sehen und Segler.

Vor mir die als Lahnungen bezeichneten Dämme aus Buschwerk, die im Deichvorland dazu dienen, bei ablaufendem Wasser den durch die Flut angeschwemmten Schlick festzuhalten, der sich auf diese Weise immer höher ablagert, sodass neues Land entsteht. Damit dienen die Lahnungen dem Küstenschutz. An einigen Stellen sind noch frisch angelegte, mit Reisig durchflochtene Dämme zu erkennen.

Das neu entstandene, prachtvoll grün - rötlichbraun - grau gefärbte Vorland, über dem man abwechslungsreiches Vogelgezwitscher hört und das Schweben der Vögel im steten Auf und Ab sieht, vermittelt reiches Leben in unverbrauchter Natur.

Die senkrecht, nahezu gradlinig in Richtung See verlaufenden Gräben zwischen den Lahnungen hatten sich bereits bei auflaufender Flut mit Wasser gefüllt. Hinter dem Vorland als glatte Fläche das Meer.

Dunstig, aufwärts am übergangslos zwischen Erdplanet und Himmel erscheinenden Horizont Wolken als Kumulus, erweitert zu umfangreichen, die Fantasie belebenden Gebilden geformt, in denen die unterschiedlichsten Lebewesen nachgebildet aufgehen, dazu Berge, Blumen und Schlösser, die als Märchen entstanden und verändert in eine andere Sinnenwelt führen. Ein sanfter Wind treibt die Wolken zu wechselndem Sonnenschein. Es sind wärmende Sonnenstrahlen, die sich auf dem Grün des Deiches zeigen. Mir ist warm.

Gemächlich bewege ich mich über das von unzähligen weidenden Schafen festgetretene Gras. In der Schule hatte ich gelernt, welche Rolle die Schafe für den Küstenschutz haben, und weiß, wie wichtig eine feste, kurz geschorene Rasenfläche für den Schutz der Deiche und das dahinterliegende Land ist. Die natürlichen Rasenmäher sind die Schafe, indem sie bereits auf dem Vorland weiden, es dabei festtreten.

Schafwolle ist nicht mehr gefragt, wurde sogar für die Schäfer zum Risikogeschäft, dafür liefern die auf den Salzwiesen an der Küste aufgewachsenen Schafe ein besonders schmackhaftes zartes und begehrtes Fleisch.

Natürlich hinterlassen die Schafe sichtbar mit vielen Kötteln ihre Ausscheidungen, das ein sicheres kotfreies Auftreten dem Deichwanderer erschwert.

Langsam, geradezu tänzelnd, beginnt die Suche nach einem von Schafskot freien Auftritt den Deich hinab. Die Schafe finden kein Interesse an mir, dafür treten sie widerwillig und die jungen Lämmer ängstlich zur Seite.

Man glaubt, ein orchestrales Musikstück zu hören. Das Blöken der Schafe sind die Bässe, die Flöten das

Vogelzwitschern, und vereinzelt kommt es zum Einsatz der Hörner beim Tuten eines in der Ferne vorbeifahrenden Schiffes.

Nahe dem Ufer finde ich ein sauberes Rasenstück, das zum Liegen einlädt. Ausgestreckt, die Hände in den Nacken geschlagen, lässt es sich wie auf einem Teppich ruhen.

Das feine, leise Rauschen des Seewindes beflügelt die Fantasie in Vergangenheit und Gegenwart.

Bilder quellen als Momentaufnahmen verflossener Tage empor, Wahrnehmungen einer an sich nicht sonderlich erinnerungswerten Zeit, die aber den grauen Alltag erhellte.

Tief inhaliere ich die feuchte salzige Meeresluft. Die Gedanken springen weg vom Wattenstrand und landen bei einem wunderschönen Frühlingstag am Ufer des Müggelsees. Dort sehe ich mich marschieren, umgeben von mit Buchen und Eichen aufgelockertem Kiefernwald und dem Gefühl der Ruhe. Im Liegen war es eine Wohltat, der Großstadt entflohen zu sein.

Der Wald mit seinem großen Bruder, dem Wasser, sind mir schon immer Freunde. Wald und See erscheinen als Einheit und berauschen in ihrer symphonischen Verbundenheit von Eindrucksvielfalt und Naturerleben.

Im Sinnenrausch sind beide zur Heimat des Ichs geworden. Die gemeinsame Sprache im Rauschen von Wald und See vermittelte Weite und Größe als Träger von Schönem und Hässlichem.

In der Suche nach Ruhe und Ordnung eigener Gedankenwelt wird die Natur zum Schirm. Stundenlang kann man mit offenen oder geschlossenen Augen träumen, Bilder aufnehmen und vernetzen.

In diesen Momenten entsteht der Eindruck, als würde das Fichtesche „Ich" als Kraft des Werdens tief in den Grund des eigenen Seins eindringen, um auch der Natur ins Innere zu blicken. Je mehr du denkst, Vergleiche anstellst, Interpretationen versuchst, um so mehr scheint das kraftvolle „Ich" zu schwinden und zu einem „Du" zu werden, das eine nüchterne Naturbetrachtung unmöglich macht und geradezu lustvoll zu leidenschaftlicher Interpretation und Gestaltungsempfinden drängt.

Natürlich versinkt damit mein „Ich" in das „Nicht-Ich" der Natur, wie es bereits bei den Romantikern, insbesondere Novalis, zu finden ist. In meinem „Ich" werde ich in solchen Momenten naturartig, versinke in den Schoß der Natur und habe ein von Zwängen befreites Erleben.

Damals wollte ich die Tiefe und die Weite des Wassers ergründen. Die vor meinen Augen kreuzenden Segelboote erweckten den Wunsch, ausschließlich mithilfe des Windes ferne Regionen zu erreichen, und wurden zu einer bleibenden Sehnsucht. Jetzt, am Deich und Eigner eines kleinen Seglers, wiederholt sich das Erlebte.

Das Wasser läuft auf, aufkommende Flut. Im Empfinden einer Vereinigung von Gegenwart, Vergangenheit und Zukunft durchläuft mich ein Schauer. Ist das Ewigkeit?

Ich richte mich auf, die Knie leicht gebeugt, sitze ich mit nach vorn geneigtem Oberkörper mit Blick auf den Rasen, halte Einkehr in Ruhe und Frieden beim Rauschen der Natur.

Noch scheint schwach die Sonne, der stärker gewordene Seewind macht es kühler, der Sonne wärmende Behaglichkeit ist verschwunden. Es war schön, unendlich schön, die Weite, die Schafe, das Grün, die Vögel und das Meer.

Auf einem Grashalm bewegt sich eine Ameise. Das Tier müht sich, auf den hinteren Gliedmaßen abgestützt, einen trockenen Grashalm mit den vorderen Beinen zu bearbeiten, lebhaft bewegt sich der wie ein einziges tiefschwarzes Auge wirkende, sauber poliert glänzende Kopf. Eine zweite Ameise krabbelt hinzu. Beide scheinen sich zu begrüßen. Wenig später packt die Angekommene an, sie hilft, kein Streit.

Vergessen die fundamentalen Gedanken vom Ich, vergessen Kant, Fichte, Novalis. Zwei Ameisen zeigen das Gemeinsame, demonstrieren die Gestaltungsmöglichkeit im vereinten Handeln, die Perfektion im Sein.

Wunderbar die Gräser, die Insekten, der Wind, die Vögel, das Wasser, die Schafe und selbst die reichlich vorhandenen Schafsköttel. Die Sonne und die Wolken zeigen ihre Harmonie gemeinsam mit der scheinbaren Dissonanz einer wechselnden Beleuchtung von Wolken verdunkeltem und klarem Sonnenlicht.

Zeit aufzustehen. Mit tief in den Hosentaschen versenkten Händen geht es am Ufer entlang. Zum lauter werdenden Kreischen der Seevögel kommt durch die Überflutung des Vorlandes ein intensiveres Wahrnehmen des Tanggeruchs.

Gedankenverloren verlasse ich in südlicher Richtung den Deich, wandere entlang von Marschenfeldern zu meinem Haus und bemerke erst dort, dass das Auto am Deich stehen geblieben ist.

Die Wirklichkeit hat mich wieder.

Geschenk

Weites Panorama
Sonnenumflort der Horizont
In Blüten wogende Felder
Reiche Natur
So liebst Du sie
Mein Wunsch
Das schenken möchte ich Dir
Doch meine Hände
Die sind leer

Das Tier im Feld
Der Wald am Horizont
Das Haus im Tal
Nachsinnen vergangener Zeit
So bewahrst Du es
Mein Wunsch
Das schenken möchte ich Dir
Doch meine Hände
Die sind leer

Ich fülle die Hände
Fülle sie mit Dir in mir
Geborgen in den meinen
Bleibendes Geschenk

Der Weser Werden

Sonnenerstrahlt
Des Weges Zier
Belaubung im Kommen
Helles Grün
Voller Kraft der Stämme Wuchs
Buntes Blühen
Der Kirschen Blüten verwelkend weiß
Erahnung baldiger Früchte Rot
Lustiges Werben der Vögel
Zwitschern symphonisch untermalt
Des Kuckucks Ruf

Weit geschlängelt durch Hügel getrennt
Zwei Flüsse
Sie plätschern
Sie rauschen

In der Strömung
Kanus
Verträumt im Gleiten
Sportlich, elegant
Zwei Flüsse
Die uns begegnen
Die uns begleiten

Zwei Flüsse
Geschichte im Gepäck
Die alte
Die neue
Reiche mythische Vergangenheit
Viele Märchen
Manche Sagen

Zwei Flüsse plätschern
Zwei Flüsse hüpfen
Im Allegro
Im Tanz
Ihr Liebeslied
Vereinigung das Ziel
Lieblich, sinnlich
Schmiegsam innig
Mit fernen Zielen

Wind 12

Fixiert die Hände am stählernen Geländer
In der Gewalt des Sturmes erwecktes Erschauern
Zu verlieren den Halt unter den Füßen
Gefühl unendlichen Fliegens

Aufgewühltes Meer
Schäumende Wellen sich verbinden mit dem Grün
Orkangetrieben, gejagt zu des Deiches Krone

Bin selbst getragen vom Wind
Elemente veränderten Seins
Fliehen - Bleiben
Erleben - Freiheit
Zwiespalt des Wollens
Einheit im Sein
Umklammert den schützenden Stahl

Stehst Du im Nebel
Vertraue zuerst Dir selbst

Der Wert von Ideologie und Machbarem
Findet sich nur in deren Einsatz für die Menschenwürde
Und die Bewahrung der Schöpfung

Zwiespältigkeit

Eis im Watt

Zugefroren das Watt
Bereift das Ufer
Frosttrocken die Gräser
Sonnenschein
Lässt Raureif glitzern
Der Möwen lautes raues Schreien
Durchdringt die salzig schmeckende Luft
Die feuchte

Mit zunehmender Flut
Des Eises knackendes Räuspern
Gehör des Meeres Wogen
Kommen der Flut

Gedrängt im Verlangen
Unter den Füßen zu spüren
Des Eises Bersten

Paradoxic

An der Straße
Grau-grün schmierig
Holzstufen erleichtern den Weg
Ein Podest

Grauenhafter Anblick
Mit Vogelkot beschmierte Bäume
Kahl, grau, nur Geäst

Lärmendes Gekreische
Schwarze Vögel
Sie sitzen
Sie schreien

Kormorane
Geschützter Vogel
Sterbende Bäume

Trockenheit

Heiß strahlende Sonne
Durstige Bäume
Welk das Laub
Der Gräser Halme
Knochenhart der Boden
Hunger nach Regen
Versiegende Kraft
Sterbende Natur

Plötzlich ein Krach
Erlösung verheißendes Nass
Aus Kannen
Aus Eimern
Heruntergeschüttet der Regen

Vernichtete Hoffnung
Vollendet der Tod
Es wäre so schön gewesen
Ein sanfter Regen

Herbstbeginn

Bei der Schnelligkeit, mit der die Natur sich zur Ruhe begab, konnte man sich in die Abruptheit des Nachtwerdens eines Tropentages versetzt fühlen. Gleich einem Kinde in seinem Widerstand zur Bettruhe gebärdete sich der Spätsommer in einem seit Jahren nicht erlebten Spätglanz.

In unwahrscheinlicher Hartnäckigkeit, die Luft kraftvoll mit wunderbar wärmenden Sonnenstrahlen durchsetzt, führten Obstbäume irre. Es kam zu neuem Blühen. Die nach der Ernte eingebrachte Feldsaat war bereits kräftig aufgegangen, und man konnte frische Halme sehen.

Plötzlich, abrupt mit dem 1. November, wurde es winterlich. Der unvermittelte Ablauf im Ruhebegehren der Natur erinnerte an das Nachtwerden eines Tropentages. Über Nacht wurde es kalt.

Mit der täglich fallenden Temperatur bildete sich Nebel. Massenhaft, wie ein Regen, fiel Laub, bedeckte Straßen, die bei aufkommenden Regenschauern glitschig wurden.

Nicht mit Meckern oder Stöhnen begrüßte man die kalte Jahreszeit, nicht mit fatalistischem Abscheu nahm man den plötzlichen Naturwechsel hin, eher demütig, beinahe willig begrüßte man Herbst und nahenden Winter.

Ein „Es muss so sein" durchzog im Wissen notwendiger Naturerholung das Land.

Zu einer die Phantasie anreizenden geisterhaften Stimmung kam es zwischen den Küstendeichen,

Nieselregen und Starkwind. Ein kaum werdender Tag und aufsteigende Nebelschwaden ließen die noch weidenden Schafe zu riesigen Rindern und Pferden wachsen. Wie von Geisterhand gezeichnet, untermalt vom fernen Meeresrauschen, scheint der Hufschlag des Schimmelreiters zu erklingen, dazu das Knacken des an den Rändern der Sielgräben aneinander schlagenden Reets, ergänzt vom unrhythmisch, fremdartig erscheinenden Geschrei der Zugvögel.

Orientierungslos zwischen Gestalten annehmenden Nebelschwaden, schaudernd, kühl, nicht fähig, den Schritt zu beschleunigen, fühlt sich der Wanderer zwischen den Deichen. Gruselnde Phantasien vergangener Geschichten durcheilen das Hirn.

Der Schatten zur Rechten wird größer, nimmt Gestalt an, er ist eine Weide, darunter als Silhouetten Rinder. Nichts scheint Tier und Mensch zu trennen.

Ein Licht flackert durch den Nebel, der Marschenhof.

Zwiespältigkeit

Aus undurchsichtigen Schwaden
Schaumtröpfchengetränkter Atmosphäre
Orkan gewordener Kollaps spekulativer
Selbstüberschätzung

Nebulöse Interessen
Egoistisch überbordet
Sklavisch mit Hingabe
Im Dahindämmern
Meteorologie der Weltwirtschaft

Zartes Flackern
Aufblitzender Strahlen
Lichter in Schleierschwaden
Hoffen in Zwiespalt

Immer wieder

Machtbesessenheit
Rache
Terror
Krieg
Normalitäten der Intoleranz
Und im missionarischen Gebaren
Vernichtetes Leben
Zurücklassend Not – Regen - einen Orkan

Seht der Hoffnung Nadelöhr
Toleranz
Klare Meinung
Seht die Menschen
Unterschiedlich
So wie wir

Verkannter Lebensrhythmus

Fata Morgana
Melancholischen Hirns
Es rüttelt und rattert
Denkablauf sich widersprechenden Seins
Materiell beeinflusst
Machiavellistische Perfektion
Planerische Arroganz das beherrschende Element
Unmöglichkeit spontaner Reaktion
Provozierte Lähmung
Ohnmacht im Handeln

Doch sieh
Tau auf der Wiese
Blumen
Vögel
Hasen
Rehe

Sieh
Das Meer
Die Wolken
Die Sonne

Sieh
Spektralität des Lebens

Phantasie in Schwarz

Hilflose Rettungssuche
Verblieben
Reste schaumzerronnener
Finanzblasen egoistischer Gier
Im Machtrausch übersehene Zwänge
Sklaverei des Handelns und des Seins
Jetzt Ideendurchzug marxistischer Renaissance
Neue Finsternis hinterlassend

Ein fernes Licht
Ein heller Schein
Der Hoffnungsschimmer

Zuversicht im Dunkeln
Freiheit im Denken
Licht der Liebe
Glaube daran

Botschaft aus der Höhle unter Palmen

Frühherbstlich begonnen
Glitzern, Glaskugeln, Lametta
Elektrik illusionärer Kerzen
Puder mit Watte heucheln Schnee und Eis
Zu frühes Gaukelspiel aufgemachter Animation
Weihnachten
Gewordenes raffgieriges Verhalten
Ich fliehe

Finde mich unter Palmen
Höre ihr windgeschütteltes knisterndes Rauschen
Sehe im Gesang wetteifernde Olivenbäume
Höre des Meeres Brausen
Das Krachen berstender Wellen an des Ufers Gestein

Entdecke geschlossenen Auges die Höhle
Kerzenerleuchtet
Gewahre, rot leuchtend, blühende Büsche
Darüber des Mondes Strahl
Dem Sterne gleich

Ersehntes Erleben
Empfinden
Greifbar nahe

Weihe der Nacht
Aus lauterem Licht
In der Höhle geboren
Ewige Hoffnung zu blühendem Sein

Licht

Im Dunkeln
Plötzlich ein Licht
Schreckgeborene Beruhigung

Tägliches Sehen
Noch heller Tag
Lampen glitzern
Elektrifiziertes Land

Täglich neue Lichter
Glitzern
Funkelndes Strahlen
So manche erlöschen

Begreift das gewordene Symbol
Licht ist Freiheit
Ist Würde
Ist Liebe

Gegenwart lebt aus Vergangenheit
Dem Sein
Dem Gestalten
Dem Sehen
Erfülle sie mit Sehnsucht

Erkenne Deine Träume
Führe sie in die Wirklichkeit
Das ist glücklich leben

Die Freude am Dasein beginnt mit dem Begreifen
Zum Begreifen bedarf es des Sehens und Hörens
Beides musst Du lernen

Regenbogen

Regenbogen

Horizonte vereinigendes
Gebogenes Band
Mit Farben
Spektral gegliedert
Brillant, elementar
Offenbarende Innigkeit vollzogener Vereinigung
Zu gewordenem Sein

Aus Sonne
Aus Regen
Physikalisches Entstehen
Daseins Vielfalt
Daseins Mystik
Göttlich enthüllt

Beim Fixieren des himmlischen Bogens
Lust vorauszuschauen
Erkenntnis eigener Schwäche

Unterm Regenbogen

Beim Abziehen der schwarzen Wolkenwand ging er zum Eingang seines Hauses, öffnete den oberen Flügel der Klöntür und genoss bei letztem Donnergrollen, begleitet vom schwächer werdenden Rauschen des Gewitterregens, die nach der vorausgegangenen Schwüle frisch belebende ozonhaltige, nach fruchtigem Duft von Raps und Getreide schmeckende Luft. Beim tiefen, mit sichtbarem Heben und Senken des Brustkorbes vollzogenen Atmen fühlt er Erleichterung, sich von einer schweren Last befreit. Er hatte unter der vergangenen Schwüle sehr gelitten.

Vor ihm die Marsch mit ihren Feldern, den Gräben, dem Gelb der sich immer stärker abzeichnenden Beleuchtung blühenden Rapses, die wogenden, in beginnender Blüte stehenden, noch grünen Getreidefelder ließen eine liebkosende Ruhe aufkommen.

Und dann sieht er, erst schwach verschwommen, immer kräftiger, plastisch vollendet, den erhofften Regenbogen. Frischfarbig breit von Horizont zu Horizont, wie eine Glocke, umschirmt der Regenbogen die Landschaft, grenzt sie ein. Immer wieder bannt die Demonstration des physikalischen Phänomens beim Zusammenstoß von Sonnenstrahl und Regentropfen.

Wieder wird das Geschehen in einer Weite fühlbar. Fotografiebesessenheit verschwindet, sie löst sich, zurücklassend ein Versinken in das Geschenk eines zu philosophisch religiösem Sinnieren reizenden Augenblickes.

Er glaubt den Bogen ohne Anfang und Ende zu sehen, der sich als Kreis in der Fortsetzung jenseits der Horizonte offenbart, scheinbar zu einem zusammengehaltenen Band komponiert und dargestellt in komplimentierenden Farbnuancen einer unermesslichen Natur.

Er nimmt in dem Regenbogen eine Offenbarung von Buntheit und des Lebens Reichtum wahr.

Erkennend erfasst er in der alles umspannenden Farbvielfalt die Homogenität seines Lebens; das Erleben in allen Variationen verflossener, sich vereinigender Trauer, Freude, Erfolg, Misslingen und Gelingen.

Leben vereinigt im Regenbogen. Er glaubt, trotz physikalischer Erklärbarkeit, ein Gottesgeschenk in der spektralen, in einem Bogen zusammengefassten Vielfalt zu sehen.

So begreift er Vergangenheit und Zukunft horizontal angeordnet und sieht das biologische Sein, den Ring in seinen Spektralfarben, gleichsam von Erde zur Erde Horizonte verknüpfend.

Er dreht sich herum, steigt die Holzstiege hinauf und gelangt in einen weißen, mit schwarzen Balken versehenen großen Dachraum mit einem Bogenfenster, Ochsenauge von den Einheimischen genannt.

Vor dem halbrunden Fenster steht eine ehemalige Kirchenbank, von hier hat er einen wunderbaren Blick über die Felder der Marsch, in der Ferne ist der Kirchturm von Wesselburen zu erblicken, noch immer eingerahmt vom horizontumfassenden, langsam entschwindenden Regenbogen.

Er setzt sich und schaut auf den langsam vergehenden Regenbogen.

Nochmals, wie von einem Fingerzeig offenbart, erlebt er im abklingenden Naturspiel die formenden Abschnitte seines Lebens aus besonderer Sicht.

Anfang und Ende als Dasein vereinigt, umarmt und eingepackt in die sich aus dem Weiß spektral auflösende Farbenpracht, harmonisiert wie eine aus Dissonanzen geborene, zum Hochklang gewordene Symphonie, so spürt er jeden Moment seines Lebens.

Kein Gedanke mehr an die sonst verherrlichte Vernunft. Überwältigt von Gefühlen, stürzt er sich in Illusionen von Liebe, Glück, in niemals neutrale moralische Wertvorstellungen. Erinnerung blitzt auf und steht augenblicklich vor seinen Augen.

Sein episodisches Gedächtnis ist entflammt, im Verflechten von Emotionen verschmelzen Vergangenheit und Gegenwart zum Erleben im Sein und Traum.

Den Kopf zwischen die auf der Fensterbank abgestützten Arme gelegt, sieht er die sich zur Vergangenheit öffnende Weite, Fakten mit Vertrautheiten, die automatisch und intuitiv den Regenbogen zu einem mystischen Gebilde analysieren.

Der Film seines episodischen Gedächtnisses verbindet sich mit Schönheit und Vollkommenheit, und das Farbenspektrum offenbart die Vielfalt des Geschehens, die sich über die getrennten Farben in Buntheit ungebrochen wiedergibt.

Undurchdringliche ferne Horizonte und die Vergangenheit werden durch den Bogen am Himmelsgewölbe zu einer perfekten Einheit.

Abendklang

Langsam verschwindet
Der grelle Schein
Der stechende Strahl der Sonne
Die vernichtend brennende Hitze

Abendlicher Nordost erfrischt die Glut
Sonnenreflektiert
Erstrahlt in voller Blütenpracht
Leuchtet rot
Blutig temperamentvoll
Die Kletterrose

Geführt zu symphonischem Klanggefühl
Durchströmen Reflexionen
Beruhigendes Driften
Im Vertiefen des Scheins
Schmetterlinge tanzen um die Blüten

Herbstmorgen

Rest verbliebener Nebel
Sonnenglanzdurchdrungen
Stärker werdender Schein

Allmählich sichtbar
Still schweben gealterte Blätter
Bedecken
Wiesen
Gräben
Strassen
Farbtupfer hinterlassend

Abgeerntet die Felder
Einem jugendlichen Barte gleich
Sprießt neue Frucht

Prachtvoller Rahmen
Koloriert der Bäume Kleid
Aquarellgleich mild abgestuft
Güldener Glanz in ölfarbener Kraft
Kontrast verstärkend

Weithin leuchtend
In verkündender Schönheit
Kraftvoll beherrschend
Des Ahorns Rubinrot

Schimmer des Schönen
Funke des Reinen
Farbenglanz allen Seins
Ahnung des Unvergänglichen

Für Juliane

Urzeitlich entstanden
Eruptives Geschehen
Im Erleben Körper geworden
Der Stein

Belebt in Grün
Modelliert
Lichtabhängig die Nuancen
Entspannend, ausgleichend
Amazonith
Der Stein

Edles Metall
Sorgfältig geprägt
Umfasst, streichelt
Umarmt
Den Stein

Schmuck
Symbol des Seins
Edel
Elegant, reichhaltig, faszinierend
So wie Du

Sorrento

Du siehst
Vergangene Zeit
Vergangene Pracht

Du siehst
Wandel der Zeit
Gestaltende Menschenkraft

Du siehst
Vesuvische Landschaft

Du begreifst
Naturgewalten
Brodelndes Gestein
Verändertes Leben
Gewandelte Kultur

Du hörst
Leises Plätschern
Sanft sich wiegendes Meer
Reflexion zarter Winde
Im wogenden Sonnenspiel
Vogelzwitschern wie fernes Schwingen
Sirenenklang betört

Lebensreifung

Munteres Wiegen im Wind
Sprießen zarter Knospen
Vereinzeltes Blühen
Weiß
Auch gelber Farbenglanz
Und blau
Frühling im Erwachen

Werden im Sein

Kraftprüfender
Standfestigkeit fordernder Wind
Wogendes Korn
Manch geknickter Halm
Farbenpracht
Rosen
Dahlien
Der Fuchsien Glocken leuchten
Getreide strohfarben
Werdende Reifung

Sommer im Sein

Zeitiger Sonnenstrahl
Gedämpft
Morgendlicher Dunst
Begreifendes Erkennen
Leer die Felder
Ernte
Herbstes Pracht

Vollendung im Sein

Bedeckt der Himmel
Nebel, Regen, Frost
Erstarrung
Schneeflocken wie Pfeile
Sturmgejagt
Einen weißen Teppich hinterlassend

Ruhe im Sein

Wir Zwei

Aus Tränen in Träumen geboren
Erhoffte gewordene Gewissheit
Mit demütigem Erleben grenzenloser Gegenwart
Gnade im Sein

Gewandert
Gelaufen
Gestürmt über Berge, Hügel
Durch manches Tal
Durchschritten des Lebens Zenit

Hetzen im Sonnenschein
Bei Regen, Hagel, Wind
Gestampft im Schnee und zähem Lehm
Eilen durch das Leben
Als Eins zu zweit

Viel Sonne
Viele Höhen
Wandern im Leben
Erleben als Eins zu zweit

Kämpfe, Mangel, Enttäuschung
Verschwenderische Hilfe, Freuden, Ehre
Glückliche Stunden
Würzen das Sein
Erleben als Eins zu zweit

Ein Höhepunkt
Nicht Ende
So soll der Tag heut sein
Vom Argen bewahrt wie erbeten
Gott tat es
Wir zwei, wir danken Dir

Danksagung

Das Gedicht ist eine Übersetzung von Traum, Hoffen, Erleben.
Es ist Ausdruck von transzendentalem Empfinden in der Gegenwart des Seins.

Viele sind daran beteiligt.
Ein besonderer Dank gilt in der Umsetzung solchen Empfindens Herrn Rüdiger Prasser für sein Umschlagbild, Eleonore, Frauke und Wolfram Meyer, Christina Höving für die Fotos, Wibcke Klett und Rainer Kirsten vom adlibri Verlag für ihr Einfühlungsvermögen und den Mut, Lyrik in ansprechender Form zu verlegen.

Der Weg

Das Bleibende

Das Jahr

Eindrücke

Zwiespältigkeit

Regenbogen